THÈSE

Pour

LA LICENCE.

A MON PÈRE ET A MA MÈRE,

HOMMAGE D'AMOUR ET DE RECONNAISSANCE.

A mes Oncles et mes Tantes,

HOMMAGE DE RESPECT ET D'AFFECTION.

A MES FRERES ET A MA SOEUR

Gage d'Amitié.

ACTE PUBLIC

POUR LA LICENCE,

EN EXÉCUTION DE L'ARTICLE 4, DE LA LOI DU 22 VENTÔSE, AN 12.

SOUTENU PAR

M. VAÏGNY, (PAUL.)

NÉ A DAUMAZAN *(ariège.)*

JUS ROMANUM.

LIB. 2 TIT. VIII Quibus alienare licet vel non.

De illis qui rem suam alienare possunt.

Secundum jus et æquum agendo, qui in potestate suà rem habet ille tantum alienare potest; et contrà, qui dominus non est, alienandæ rei potestatem non habet. — Duas exceptiones attamen hoc principium accipit. — altera, sine dubio, nititur in tranquilitate et præsidio quæ connubio debentur, fami-

liarum que salute, quemadmodum in defectu facultatis vel judicii ætate ni-
mis parum provectà ; altera , in securitate quam officia præstita exigunt· — Exceptio prior ad dotale prædium mulieris pertinet , atque ad minorem . 1° mu-
tuis argentis 2° cùm rem in solutum accipit 3° cùm æs alienum solvit. Secun-
da éxceptio locum habet , si creditor pecuniam pignore accepto commodet,
metuens ut ne debitor ex ære alieno emergat.

1° Primùm prædia dotalia mulieris marito comparabantur , dotis causà ei
data erant , atquè idèo alienare ea potuerit. Sed lex Julia omnia ad familia-
rum commodum referens , marito summam potestatem ademit, et per eam ,
fundum dotalem italicum alienare non poterat , nisi consentiret uxor, et quoque
ex eàdem lege, illi obligare non licebat, etiam cousentiente uxore. Justinianus
connubium benigniùs prospiciens, timens que ut uxor fragilitate sexui insità
in repentinam deduceretur inopiam , res soli italici aut provincialis in dotem
acceptas, marito alienationem vel obligationem permittere noluit, consentiente
quidem uxore. Attamen hæc inhibitio ad res mobiles non pertinet quas
alienare potest maritus , dùm dissoluto connubio , quod debet uxori solvere
possit, et quoque si prædium dotale marito datum sit æstimatum , fit ejus
periculis et alienare potest, quia æstimatio venditio habetur.

Item quamvis rerum suarum pupillus dominus sit, tamen nullam sine tutoris auctoritate alienare potest . Hæc exceptio ad casus tres dispares pertinet , sicut supra dicitur.

1.° Si mutuam pecuniam sine tutoris auctoritate pupillus alicui dederit,
dominium non transtulit. Nunc , nummi dati in debitoris potestate extant ,
vel consumpti sunt. Si extent a pupillo vindicari poterunt , quia obligationem non contraxit. Si non extent et bona bìdè nummi consumpti sint, in eum
qui eos accepit pupillus actionem personnalem habet ad reponendum. si consumpti sint malà fide, adversus consumentem, quasi adhuc nummos posside-
ret, actio pupillo competit ad exhibendum.

2° Imó , pupillus ut in errorem facilè induci potest, obligationem dissol-
vendo , sine auctoritate tutoris ei prohibetur , nihil in solutum accipere.
Justinianus etiam decretum a judice exegit ut ære alieno debitor se liberaret.
Incidunt duo casus tamen , cùm poterit per exceptionem doli mali , sub-
moveri a debitore pupillus : id est , si nummos rursum petat qui soluti fu-
erunt, et quos pupillus in potestate suà adhuc habet , vel si eos utiliter con-

3

sumpsit. sed in altero casu , sive eos malè consumpserit , sive eos furto aut vi amiserit, nunquam pupillo exceptio doli , mali opponitur , et debitor iterùm condemnabitur ad eamdem pecuniam solvendum.

3°.Pupillus qui nihil in solutum potest accipere , multò magis ei prohibetur sine tutoris auctoritate ex ære alieno emergere, cùm solvendo nummos suos alienet. hinc, si quod solutum fuerit, extat, vindicari poterit ; si verò bona fide consumptum fuerit, contingit liberatio.

De non domino qui recte alienare potest.

Diffidens creditor debitorem obligationem non perficere , rem sæpe pigneratur ut summam datam reddat. Si debitor non solvit, creditor rectè pignus alienare potest, sed distinguendum est post denunciationes quantas : vel convenerunt creditorem pignus vendere posse, nisi debitor pecuniam solvat, vel nihil eonventum fuerit : in utroque casu post unam denunciationem creditor alienare potest ; sed si contra convenerint non vendere pignus, hæc conventio non scripta habetur et creditor, trinà præmissà demenciatione , illud alienare poterit.

CODE CIVIL.

Livre III. Titre II. — *Des donations entre vifs et testamens.*

Chapitre VI — *Des dispositions permises en faveur des petis enfans du donateur ou testateur, ou des enfans de ses frères et sœurs.*

Le législateur moderne indigné des abus permis dans l'ancienne jurisprudence, a interdit dans le code civil les substitutions par lesquelles un fils recevait souvent, par une seule disposition , des biens de trois ou quatre générations ; de sorte que, ces biens n'étaient jamais possédés en propriété, et étaient toujours séparés du commerce et de la circulation. Les tiers même, ignorant une telle substitution, contractaient avec le possesseur qu'ils croyaient propriétaire, et n'avaient pas ensuite le droit de se faire payer par le fils , des dettes contractées par son père. Aussi, le législateur a établi en régle générale, dans l'art. 896 du code civil que les substitutions étaient prohibées, mais par une exception spéciale, cet article est modifié par les dispositions permises aux pères et mères, frères et sœurs , tracées dans le chapitre 6 du présent titre dont nous allons nous occuper. Cette exception, la nature la réclamait. Un père qui craint que son

4

fils ne dissipe le patrimoine qu'il lui laissera, peut, en usant du droit que lui confère l'art. 913 de notre code, le priver d'une quotité déterminée de ses biens, mais la punition, si elle va s'étendre à toute sa postérité, aurait pu répugner à son cœur; la loi a donc offert un moyen à la sollicitude des pères pour assurer à leurs descendans une existence. Les substitutions dont nous parlons, ont reçu une bien plus grande extention par la loi du 17 mai 1826 qu'elle n'est réglée dans le code civil, pour mieux la faire resortir, nous allons présenter en détail les dispositions des art. 1048 et suivants, et les comparer ensuite à la nouvelle loi.

Dans les art. 1048, 1049, 1050, il est établi, 1° que les biens dont les pères et mères peuvent disposer, pourront être par eux donnés en tout ou en partie, à un ou plusieurs de leurs enfans, par acte entre vifs ou testamentaires, avec la charge de rendre ces biens aux enfans nés et à naître au premier dégré seulement desdits donataires, 2° que la disposition faite par le défunt au profit d'un ou de plusieurs de ses frères ou sœurs, avec la charge de rendre les biens aux enfans nés ou à naître du premier dégré seulement desdits donataires, ne sera valable qu'autant que le donateur ou le testateur sera mort sans laisser des enfans; 3° que la charge de restitution devra être seulement au profit de tous les enfans nés et à naître du grevé, sans exception ni préférence d'âge ou de sexe. Ainsi, la substitution dont parlent les art. 1048 et 1050 ne doit être que de la quotité disponible; faite seulement aux enfans nés ou à naître au premier dégré desdits donataires, et sous une égalité parfaite, sans distinction d'âge ni de sexe Aussi, la substitution faite au profit d'un garçon plutôt que d'une fille serait nulle. Voilà pourquoi il est inutile d'exprimer dans un acte de substitution, si elle est faite au profit des enfans nés ou à naître, des filles ou des garçons.

Dans la substitution établie par l'art. 1048 on ne peut donner, comme nous l'avons dit, qu'une quotité déterminée dans celle permise par l'art. 1049. au contraire, un frère pourrait être chargé de rendre tous les biens compris dans la donation, parcequ'il n'a pas de réserve établie par la loi, et que ce qu'il reçoit provient de la libéralité ; libéralité qui ne pourrait exister si le donateur avait des enfans, mais que le législateur a permise en considérant les neveux et nièces comme lui en tenant lieu. Si le grevé mourait, laissant plusieurs enfans au premier degré et des enfans d'un fils prédécédé, ces derniers concourent avec leur oncle en représentation de leur père, et recueillent la portion que celui-ci aurait eu, s'il avait survêcu au grevé. Il arrive aussi, quelquefois, que le donateur qui n'a point grevé de restitution une première donation, par une seconde faite à la même personne, il stipule que la première sera grevée. Si le donataire accepte la seconde, il ne pourra plus diviser les deux donations. Cette disposition est fondée sur le principe que nous pouvons mettre telle condition qu'il nous plait sur nos libéralités, pourvu qu'il n'y ait rien de contraire aux lois ni aux mœurs.

Maintenant que nous avons résumé les substitutions permises par le code civil, il nous suffira sans donte, pour faire connaître les modifications apportées par la nouvelle loi du 17 mai 1826, de mettre en rapport les dispositions de l'une et de l'autre.

D'abord, les art. 1048 et 1049 n'autorisent les substitutions que de la part des pères et mères , des frères et sœurs; la nouvelle loi permet, indistinctement à toutes personnes qui ont la capacité de disposer, de faire des substitutions. Ainsi, on peut grever de substitution, même un étranger ; mais sous la condition que cet étranger rendra à ses enfans. Les mêmes articles voulaient que les substitutions faites par pères et mères, frères et sœurs, comprissent tous les enfans nés ou à naître; la loi nouvelle autorise les dispositions avec charge de rendre à un ou plusieurs enfans du donateur. Les premiers avaient surtout pour but qu'on ne favorisât un seul enfant; cette faveur est maintenant permise ; enfin elles n'admettaient la substitution qu'au premier degré, la loi nouvelle l'autorise jusqu'au second degré inclusivement. C'est ainsi que la substitution définie, une disposition par laquelle celui qui reçoit est obligé de conserver et de rendre à sa mort, à une personne désignée par l'auteur de la substitution , a été tantôt retrécie, tantôt élargie, suivant les considérations politiques des temps où ces modifications ont eu lieu.

Toutes ces substitutions peuvent être faites par acte entre vifs ou par testament, et dans l'un comme dans l'autre cas, la disposition n'est valable qu'autant que l'acte qui la renferme est revêtu des formes légales. Ainsi, lorsque la substitution est faite par acte entre vifs, l'acceptation expresse du grevé est absolument nécessaire.

Les droits des appellés à la substitution s'ouvrent de plusieurs manières; d'abord par la mort naturelle, la mort civile du grevé; ensuite par l'arrivée du terme, l'accomplissement de la condition sous laquelle la disposition a été faite. Le grevé peut aussi faire l'abandon de la jouissance au profit des appelés, mais ses créanciers qui ont des titres d'une date certaine avant l'abandon, ne seront exposés à aucune perte.

La première des formalités prescrites dans l'intérêt des appelés est la nomination du tuteur à la substitution. Il peut être nommé par le donateur, suivant l'art. 1055, à défaut à la diligence du grevé ou de son tuteur s'il est mineur, et cela dans le délai d'un mois à compter du décès du disposant, ou à partir du jour que la donation a été connue; mais après décès, faute par le grevé d'avoir fait nommer un tuteur, il est déchu du bénéfice de la disposition, quand même il serait mineur, et le droit anx biens substitués sera déclaré ouvert au profit des appelés. Le grevé de substitution doit jouir des biens en bon père de famille dont il fait tous les fruits siens. Il ne peut les aliéner, ni les vendre, ni les hypothéquer. C'est lui qui doit intenter toutes les actions qui ont trait aux biens, en ayant la propriété, résoluble par l'événement qui donne ouverture à la substitution. Les formalités prescrites par la loi pour assurer autant qu'il est possible la conservation des droits des appelés, ne présentant encore que du détail, nous nous bornerons à indiquer les articles qui les renferment. Les artticles 1058 et suivans jusqu'à l'article 1069, s'occupent de l'inventaire de la vente du mobilier et de l'emploi des deniers dépendans de la substitution. La transcription des actes entre vifs et testamentaires constitutifs de la substitution et l'inscription quant aux sommes colloquées avec privilège sur des immeubles, sont traitées dans les art 69 et suivans jusqu'à l'art. 1072 inclusivement. Enfin l'art 73 dispose que le tuteur nommé pour l'exécution, est soumis à une responsabilité personnelle, s'il n'execute pas les dispositions qui lui sont imposées par . les artieles ci-dessus indiqués. Ça serait en vain aussi que le grevé, même mineur, demanderait à être restitué contre l'inexécution des régles qui lui sont prescrites per les articles du présent chapitre, sauf son recours contre son tuteur personnel, d'après le principe qu'il ne cherche qu'à conserver un don, et non à éviter une perte.

Chapitre VII.

Des partages faits par père, mère ou autres ascendans entre leurs descendans.

Rien de plus naturel que celui qui est maitre de ses biens, en dispose comme il le juge convenable. Cependant, cette pleine liberté devait être refusé, principalement, au père et à la mère, par des motifs puisés dans la nature même ; mais lorsqu'ils se bornent aux régles de la loi, il est juste qu'ils puissent disposer de leurs biens dans les momens qu'ils jugent les plus favorales. Aussi l'art. 1075 du code civil leur a permis. Une autre cause peut encore avoir dicté cet article dans lequel il est dit : que les pères et mères et autres ascendans pourront faire entre leurs enfans et descendans, la distribution de leurs biens. Enfin, un père qui craint des contestations parmi ses enfans pour le partage de ses biens, devait jouir du droit de leur assurer, avant sa mort, une tranquillité que peut-être eux-mêmes n'auraient su obtenir. Ce droit n'est pas limité aux père et mère et autres ascendans; la loi, au contraire, le donne entièrement aux personnes qui n'ont ni ascendans ni descendans. Affranchies de l'obligation de laisser une reserve; elles peuvent dépouiller ceux qui seraient leurs héritiers de tous les biens, et les partager comme il leur plait, partage qui sera considéré, à l'égard de chaque co-hériter, comme une donnation ou un legs, selon qu'il aura été fait par acte entre vifs ou par testament.

Si après la mort de l'ascendant, tous les biens n'ont pas été compris dans le partage, cette omisison ne donnera pas lieu à l'exercice de l'action en rescision il faudra seulement procéder à un supplément de partage; mais si l'enfant, existant lors du décès de l'acsendant, est appelé à la succession, soit de son chef, soit par représentation, n'a point reçu sa part dans le partage, il pourra en provoquer un nouveau dans les formes voulues par la loi ; et le premier sera nul pour le tout, parceque l'égalité parfaite qui doit régner dans les co-partageans, a été entièrement rompu. Le nouveau partage pourra aussi être provoqué par ceux qui auront assisté au premier. Il résulte de l'art. 1079 que le partage fait par l'ascendant, peut être attaqué pour cause de lésion de plus du quart, ou lorsque les avantages faits par préciput, excédent la quotité disponible. Dans ce cas ou ponr l'une des deux causes exprimées en cet article, si le partage est attaqué, le demandeur en rescision devra faire l'avance des frais de l'estimation qu'il supportera en définitif, ainsi que tous les autres dépens s'il succombe dans sa demande. Les partages autorisés par ce chapitre pourront être faits par acte entre vifs ou testamentaires, révètus des formalités particulières à chacun d'eux Ceux faits par acte entre vifs, à cause du dessaisissemens irrévocable des biens actuels doivent dans l'intérêt des tiers étres transcrits.

CHAPITRE VIII.

Des Donations faites par Contrat de Mariage aux Époux, et aux Enfants à Naître du Mariage.

Les donations faites aux époux par contrat de mariage étant toujours supposées faites pour l'accomplissement du mariage, il s'ensuit qu'elles deviennent caduques, si le mariage n'a pas été contracté et qu'elles sont revoquées s'il est annulé, mais entre les parties seulement, et sans préjudice des droits que des tiers de bonne foi ont pu acquérir sur les biens donnés. Ces espèces de donations diffèrent des donations entre vifs proprement dites, en ce qu'elles ne peuvent être annullées pour défaut d'acceptation ni d'ingratitude. Cette exception est fondée sur ce que, celui qui donne, en faveur du mariage, est censé embrasser, dans sa libéralité, les enfants qui doivent en provenir.

Le Code en distingue de trois espèces; 1.º Donation des biens présents; 2.º Donations des biens à venir; 3.º Donation des biens présents et à venir.

Si la donation faite aux époux ne comprend que les biens présents, elle sera soumise aux règles générales prescrites pour ces sortes de donations, parconséquent, réunir les deux caractères essentiels de la donation entre vifs, le dépouillement actuel et le dépouillement irrévocable; de là, cette conséquence que si la donation a pour objet des immeubles elle devra être transcrite, et si elle est de meubles, il en faut un état estimatif qui doit être annéxé au contrat de mariage.

La donation à la vérité ne serait pas nulle dans le cas ou cette dernière formalité ne serait pas remplie, mais elle changerait de caractère, et ne pourrait être considérée que comme donations de biens à venir, quant aux meubles qui en sont l'objet, si rien ne prouvait l'existence de ces meubles au moment de la donation. Enfin cette espèce de donation ne peut jamais avoir lieu au profit des enfants à naître, si ce n'est dans le cas ou l'époux est descendant ou frère du donateur; et depuis la nouvelle loi sur les substitutions fidei commissares, en se conformant à ses dispositions, elle est aussi valable.

La donation des biens à venir est en général, toute donation dont l'effet peut dépendre de la volonté du donateur. Telle est celle établie dans l'art 1082, ou il est dit : que les pères et mères, les autres ascendants, les parents collatéraux des époux et même les étrangers, pourront par contrat de mariage, disposer de tout où partie des biens qu'ils laisseront au jour de leur décès, tant au profit desdits époux, qu'au profit des enfants à naître de leur mariage, dans le cas ou le donateur survivrait à l'époux donataire. Cette espèce de donation est donc valable non seulement à l'égard de l'époux donataire, mais encore à l'égard des enfants issus de ce mariage, qui sont toujours présumés substitués vulgairement au donataire, en cas de prédécès de ce dernier, soit qu'elle soit faite par des ascendants, des collatéraux et même des étrangers. Elle est appelée, en droit, institution contractuelle, parce qu'elle est une sorte d'institution d'héritier par contrat de mariage, qui tient à la fois du testament et de la donation entre vifs. Du testament, en ce que le donateur ne se dépouille pas actuellement; jusqu'à son décès il est toujours propriétaire des biens donnés; de la donation entre vifs, en ce que le donateur ne peut plus revoquer, soit directement, soit par une disposition nouvelle [à titre gratuit, le don qu'il a fait, comme il pourrait revoquer un testament. Il peut cependant disposer de quelques sommes modiques suivant l'art. 1083. La différence qui existe entre elle et les autres donations, c'est qu'elle est toujours et irrévocablement caduque, si le donateur survit au donataire et à sa postérité; au lieu que les autres peuvent passer aux héritiers du donataire. Elle est définie le don irrévocable de tout ou partie de la succession du disposant. Quelle que soit l'espèce de la donation, elle peut être faite sous des conditions dont l'exécution dépend de la volonté du donateur. Ainsi; il peut donner le quart, la moitié de ses biens à venir, et cependant assujetir le donataire à payer toutes les dettes de la succession ; de même il peut donner tous les biens présents et exiger que le donataire paie toutes les dettes qu'il laissera à son décès.

Si la donation est à la fois de biens présents et à venir, il doit être annéxé à l'acte un état des dettes et charges du donateur, existant au moment de la donation. Par cet état, l'acte est censé contenir deux donations, l'une de biens présents qui est certaine, parfaite, et irrévocable au moment de l'acte, tant à l'égard du donateur qu'a l'égard du donataire qui est alors seulement chargé de payer les dettes et charges contenues dans l'état; l'autre de biens à venir, subordonnée à la condition de payer toutes les dettes de la succession et à laquelle le donataire peut renoncer. Si au contraire l'état dont il s'agit n'a pas été annéxé, ces donations ne sont pas nulles, mais l'acte n'est censé contenir qu'une seule donation, celle des biens qui existent au jour du décès du donateur. De là il suit que le donataire est alors obligé de l'accepter ou de la répudier pour le tout, que s'il l'accepte, il ne peut réclamer que les biens existants au jour du décès, et sous la condition de payer toutes les dettes et charges de la succession; enfin, que la donation entière devient caduque si le donateur survit au donataire et à la postérité. Aucune de ces donations quelle que soit la faveur due au mariage, ne pourra jamais préjudicier à la réserve légale.

Chap. IX.

Des Dispositions Entre Époux, soit par Contrat de Mariage soit Pendant le Mariage.

Les époux peuvent, par contrat de mariage, se faire réciproquement, ou l'un des deux à l'autre des donations de biens présents, de biens à venir ou de biens présents et à venir, et comme dans le chapitre précédent, ces donations ne sont pas nulles par le défaut d'acceptation, celle des biens présents dont s'occupe l'art. 1092 est soumise aux règles et formes prescrites, pour ces sortes de donations, dans le chapitre huit. Ainsi, la propriété est transmise au conjoint donataire, et s'il vient à mourir avant l'autre, ses héritiers quels qu'ils soient, recueillent dans la succession les biens qui lui ont été donnés, à moins que le donateur n'ait stipulé formellement le droit de retour.

Quant aux donations des biens à venir, et des biens présents et à venir, le législateur, ayant eu en vue de maintenir les enfants sous l'autorité tutélaire du survivant des époux, a fait une exception aux règles ordinaires pour ces sortes de donations, ainsi les enfants issus du mariage ne sont pas appelés à recueillir la libéralité, quoique le donataire vienne à décéder avant le donateur.

La quotité des biens dont l'époux pourra disposer en faveur de l'autre époux soit par contrat de mariage, soit pendant le mariage, est déterminée par l'art. 1094 ; elle varie suivant que l'époux donateur laisse un ou plusieurs enfants ou descendants. Dans le cas ou l'époux donateur a des enfants d'un autre lit, cette quotité est réglée par l'art. 1098. Les donations faites pendant le mariage pourront toujours être revoquées par le simple changement de volonté du donateur, dans quelque forme qu'il soit exprimé. La femme même peut procéder à cette révocation sans y être autorisée par son mari, ni par la justice. Mais ces donations ne peuvent avoir lieu par un seul et même acte, soit entre vifs, soit testamentaire ; parceque si l'un vient à revoquer les dispositions, et l'autre à mourir sans les revoquer, les héritiers de celui-ci pourront prétendre que les donations étaient corrélatives et faites l'une dans la vue de l'autre. Toute donation déguisée ou faite à des personnes interposées sera nulle, l'art. 1100 fait connaître les personnes réputées telles.

CODE DE PROCÉDURE.

Liv. II. Tit. — *Des Ajournements.*

Dans les deux premiers articles de ce titre, le législateur a réglé la compétence des tribunaux, eu égard aux diverses actions qui y sont énumérées. Je ne m'en occuperai point, la matière qui m'est échue ne me le permettant pas.

Pour traiter le surplus du titre, nous devons dire : quel est le temps accordé au défendeur pour comparaître ; par qui l'ajournement doit-il être fait, à qui doit-il être remis ; quand doit-il être remis ; ce qu'il doit contenir.

D'abord, l'ajournement est l'acte qu'une partie fait notifier à une autre par le ministère d'un huissier, à l'effet de comparaître devant le tribunal de première instance, pour voir adjuger la demande formée contre elle. On l'appelle aussi assignation, parce qu'il désigne le délai dans lequel on doit se présenter. Il ne faut pas croire cependant que le demandeur puisse assigner au jour qu'il lui plaît, il faut donner au défendeur le temps de préparer sa défense ; aussi, la loi règle des délais que le premier ne peut abréger, et que le second n'a pas la faculté de prolonger. L'art. 72 fixe pour le délai ordinaire des ajournements, signifiés en France, une seule huitaine qui est augmentée d'un jour par trois myriamètres. Mais, il est dit dans les dispositions générales que le jour où l'exploit est remis et le jour de l'échéance ne sont compris dans ce délai ; de là il résulte que, le délai de huitaine signifie huit jours francs, et que par conséquent la personne assignée n'aura besoin de se présenter que le dixième jour, il est des circonstances tellement urgentes qu'il y aurait danger de laisser au défendeur la longueur des délais dont je viens de parler ; alors, comme le dit le dernier alinéa de l'art. 72, on s'adresse au président du tribunal par une enquête, au bas de laquelle il consigne la permission d'assigner à bref delai, si les motifs allégués lui paraissent raisonnables. Les délais à observer pour ceux qui ne demeurent point eu France sont fixés dans l'art. 73. Enfin l'art 74 prévoit le cas ou le défendeur dont son domicile est hors de France, serait passagèrement en France ; si l'exploit suivant le principe général est remis en parlant à sa personne, les délais ordinaires pour ceux qui demeurent en France, courront contre lui, sauf au tribnnal à les prolonger s'il y a lieu, ces exploits seront toujours remis par des huissiers, leur ministère étant forcé. Il y a cependant des cas ou un huissier ne peut instrumenter, l'art. 66 les enumère. Ils sont fondés, sans doute, sur la nécessité d'empêcher qu'un huissier ne sacrifie ses devoirs à l'intérêt de ses proches parents, en ne remettant pas la copie qui doit avertir la partie citée et ne l'exposat à être condamnée par défaut. La loi en défendant aux huissiers d'instrumenter pour leurs parents, ne leur défend pas d'instrumenter contre eux.

Mais à qui l'ajournement doit-il être remis l'art. 68 nous l'apprend : ils sont faits dit-il à personne ou domicile. Ainsi, partout ou l'on trouve celui qu'on veut assigner l'ajournement lui est légalement signifié, même dans l'auditoire d'un tribunal. S'il arrive que la personne qu'on veut assigner ne se trouve pas à son domicile, ni aucun de ses parents ou serviteurs, l'huissier remettra la copie à un voisin qui signera l'original. Si ce voisin ne peut ou ne veut signer, la copie sera remise au maire ou adjoint, le quel visera l'original sans frais. L'huissier fera mention de tout, tant sur l'original que sur la copie; ainsi il faut que la personne à qui l'Exploit à été remis soit indiquée ou par son nom, ou par ses qualités ou par les relations avec la partie assignée. De même, mention doin être faite tant sur l'original que sur la copie, à peine de nullité, qu'il n'a trouvé personne au domicile de l'assigné, ni aucun voisin qui voulut recevoir et signer l'Exploit, et qu'il l'a remis au maire. L'Etat le trésor, les administrations, les communes, doivent être assignées en la personne ou au domicile de ceux qui les représentent. Pour ceux qui n'ont ni domicile ni residence connus, une copie de l'Exploit est affichée à la principale porte de l'audience du tribunal ou la demande sera jugée

Quand doivent être remis les Exploits? selon l'art. 63 aucun Exploit ne peut être donné, un jour de fête legale, si ce n'est en vertu de permission du

président du tribunal. Cependant en se fondant sur l'art. 1030 du code de procédure qui veut qu'aucun Exploit ne puisse ête dèclaré nul, si la nullité
n'en est|formellement prononcée par la loi, l'on peut conclure que, puisqu'il n'y
à pas d'article qui parle de nullité, les Exploits faits un jour de fête
légale ne pourront être annullés sous ce prétexte, sauf à prononcer l'amende contre l'huissier s'il y a lieu; mais ils ne peuvent pas donner des Exploit, quand il
leur plaît, la loi à fixé l'heure, elle n'a point permis , qu'a tout moment de
la nuit ; on put violer le domicile des francais.

Enfin que doit contenir un Exploit d'ajournement? les art. 61 et 64 nous
l'apprennent . Les formalités qui y sont enumerées ont pour but d'avertir le
défendeur de comparaitre et de préparer la défense , et comme il serait inique
de condamner un homme, s'il n'etait bien constant qu'il à été averti et qu'il
à pu se défendre, les formalités indiquées par ces articles sont à peine de
nullitè. Quoique quelques unes des enonciations prescrites a peine de nullité
dans l'art. 64 se trouvassent omises , et qu'il y en eut d'autres donnant une
disposition parfaite de l'heritage, comme le but de la loi serait rempli , la
nullité de l'exploit ne devrait pas être prononcée. Enfin pour faire preuve
que le priliminaire de eonciliation à eu lieu lorsqu'il était necessaire , l'exploit
doit contenir à peine de nullité, copie du procès verbal de non conciliation
ou copie de la mention de non comparution

CODE DE COMMERCE.

LIV. 1 TITRE 3. SECTION. 2

Des Constestations Entre associés , et de la manière de les décider

Dans les matières de société de commerce le législatenr, ayant eu en vue
l'interèt des parties , à soumis leurs contestations á une juridiction toute spéciale
pour leur épargner des frais considérables que les formes judiciaires entrainent
avec elles, et rendre plus rapide la décision de ces contestations qui , ondi-
nairement très compliquées ne pourraient être facilement terminées par les
tribunaux . L'art. 51 nous l'apprend , toute contestation entre associés et pour
raison de la société sera jugée par des arbitres, qui sont sustitués aux tribunaux
de commerce et ont les mèmes pouvoirs . C'est une juridiction forcée que les
parties n'ont pas le droit de dècliner , même lorsqu'elles seraient d'accord de

recourir devant un tribunal de commerce si au contraire des contestations s'élevaient non pas à raison de la société, mais sur l'éxistance de la société, ce n'est plus par des arbitres qu'elles devraient être jugées , le tribunal seul de commerce devrait les décider . Enfin il n'y a pas de doute que les tribunaux soient compétans pour prononcer la contrainte par corps.

La nomination des arbitres, en matiére civile, se fait ordinairement par l'acte qu'on appelle compromis. Le législateurs dans l'art. 53 de ce code ne pouvait se servir de cette expression, parceque la nomination des arbitres se fesant par acte sous signature privée, par acte notarié, par acte extrajudiciaire, par un consentement donné en justice , peut ne pas dépendre comme dans l'arbitrage volontaire d'une couvention, puisque une partie par exemple dans la sommation qu'elle fait à l'autre de nommer les arbitres désigne souvent les siens. Si une ou plusieurs parties refusent de nommer des arbitres, il y aura lieu de se pourvoir devant le tribunal de commerce qui fera un choix pour les refusants. Rien ne doit arrèter le cours de la justice. Après cette nomination d'office, et avant que les arbitres se soient constitués en tribunal arbitrage , la partie qui s'était refusé d'abord à nommer un arbitre, pourra le faire et remplacer ainsi celui qui aurait été designée d'office pour elle. Pour épargner sans doutes des frais il ne se fait devant ce tribunal aucune formalité, aucune procédure, aucune assignation ni requête signifié. Les parties remettent leurs pièces et un mémoire qui renferme le dévellopement de leurs moyens, si elles l'ont jugé à propos elles peuvent prendre connaissance , mutuellement, chez les arbitres de toutes les piéces produites .

Les délais des productions sont fixés par les arbitres, lorsque les parties ne l'ont point fait. L'associé en retard est sommé de faire la production dans les dix jours. Par ce moyen le délai primitif est prolongé et les arbitres ne peuvent prononcer qu'après cet intervale. Ils peuvent aussi, suivant l'exigeance des cas, proroger le délai. Si par exemple l'une des parties était obligé de faire venir des pièces, ou pour tout autre retard forcé ; maïs il ne peut être accordé qu'une seule prorogation laquelle passée, ils doivent juger sur les pièces et mémoires remis.

Les arbitres nomment un sur-arbitre, s'il n'a pas été nommé par les parties dans le compromis ; s'ils ne peuvent pas s'accorder sur le choix, ils en avertissent les parties qui se pourvoient devant le tribunal de commerce pour en faire nommer un d'office, ses parties fixent aussi aux arbitres lors de leur nommination, le délai pour rendre le jugement, si elles ne peuvent pas s'accorder sur le délai, les jugent les réglent. Il ne faut pas croire que le délai fixé, étant expiré sans qu'il y ait eu un jugement. l'affaire doive être porté devans le tribunal de commerce ; l'arbitrage est forcé, et alors il n'y a lieu qu'à la fixation d'un nouveau délai. Le jugement que les arbitres rendent, astreints d'ailleurs à suivre les formes établies par les tribunaux, doit être motivé comme tout autre jugement Il est ensuite déposé au greffe du tribunal de commerce par un arbitre. Dans les trois jours du dépot, il est transcrit sur les régistres et rendu exceutoire, par une ordonnanre du président, sans aucune modification et sans examiner si les arbitres ont bien ou mal jugé.

Si les parties avaient voulu que leur contestation fut jugé par des amiables compositeurs, ce n'est plus au greffe du tribunal de commerce que le jugement aurait dû être remis, mais bien du tribunal civil, et ça serait au président de ce dernier tribunal qu'il appartiendrait d'ordonner l'exécution.

Les parties qui ont à se plaindre de la décision des arbitres, n'ont pour le faire réformer que la voie de l'appel, et si elles y ont renoncé, il ne leur reste que celle de cassation. L'appel a été admis, parce que sous prétexte d'abréger les procès, il ne fallait pas oter au parties le droit de réclamer contre une injustice, et dans le cas ou il n'y aura pas lieu à l'appel, le pourvoi en cassation est encore permis, comme le veut l'art. 52, pour prévenir les abus que les arbitres seuls auraient pu faire, en violant les lois et les formes dans les jugemens. Toute personne peut renoncer à l'appel, il n'y a qu'une seule exception, c'est celle ou des mineurs et autres incapables de compromettre se trouvent aux droits d'un des associés primitifs, le tuteur ne peut dans ce cas renoncer à l'appel, mais on ne peut point appliquer cette règle à un mineur commerçant, il est réputé majeur pour tous les faits de son commerce et sa renonciation en serait un fait véritable

CODE DE COMMERCE

Titre 4. *Des Séparations des Biens.*

Sous quelque regime que les époux contractent mariage , il faut, sans aucune distinction , que lenr coutrat soit transmis par extrait, dans le mois de sa date , aux greffes des tribunaux de première instance et de commerce pour être inséré sur un tableau a ce destiné, et être exposé pendant un an dans l'auditoire de ces tribuneaux. Il devra ennoncer si les époux sont mariés en communauté , s'ils sont séparés des biens, ou s'ils ont contracté, sous le regime dotal. C'est surtout lors de la séparation contractuelle que cette formalité est importante, afin que la publicité du contrat du mariage avertisse les tiers que le commerçant qui a épousé une femme riche, n'est pas maître de la fortune de sa femme. La remise de cet extrait doit être faite par le notaire qui a reçu le contrat de mariage , sous peine de vingt francs d'amende, mais s'il est prouvé qu'il n'a pas fait la remise, par suite d'une collusion, il y à une plus grande peine qui est la destitution et la responsabilité envers les créanciers. Lorsque le contrat de mariage a été passé avant qu'aucun des époux exerçat le commerce, le notaire n'est point responsable de la publicité, l'époux qui aura embrassé la profession de commerçant, y sera soumis à peine, en cas de fallite , d'être puni comme banqueroutier frauduleux. La loi ne parle pas du cas ou les époux sont mariés en communauté ; car, sous ce regime le mari étant maître de tous les biens qui entrent dans cette communauté, les tiers ne peuvent être trompès.

Nous avons dit que les époux peuvent se marier sous trois régimes , mais le code de commerce s'occupe principalement de celui où les époux sont séparés de biens. Ces séparations sont de deux sortes ; l'une appelée contractuelle, parce qu'elle est stipulée par le contrat de mariage ; l'autre qu'on nomme judicaire parce qu'elle est prononcée par jugement durant le mariage. Toutes les deux donnent à la femme la faculté d'administrés les biens ; mais elle ne peut jamais aliéner les immeubles sans le consentement du mari.

Toute séparation de biens, lors même qu'elle est demandée par une femme contre son époux commerçant, ou la femme est commerçant, est portée toujours devant le tribunal civil. Cette séparation peut être demandée dans deux cas par la femme seulement. 1.° Lorsque la dot est mise en péril : 2.° Lorsque le désordre des affaires de son mari lui donnent lieu de craindre que les biens ne soient pas suffisants pour remplir ses droits et ses reprises. Les créanciers même personnels de la femme ne peuvent, sans son consentement, la demander, car il ne leur est pas permis, pour un intérêt pécuniaire d'intenter une action qui troublerait l'harmonie entre les époux. Si la séparation est ordonnée, le jugement qui la prononce doit être lu publiquement, audiance tenante au tribunal de commerce, Enfin les formalités prescrites par l'art. 872 du code de procédure civile doivent être suivies, à défaut de quoi les créanciers sont toujours admis à s'y opposer, pour ce qui touche leurs intérêts, et a contredire toute liquidation qui en aura été la suite.

Cet acte sera soutenu publiquement le   août 1838, dans une des salles de la faculté.

Vu par le président de la Thèse,

F. MALPEL.

TOULOUSE, IMPRIMERIE ET LITH. DE J-E. LAGARRIGUE, RUE DU TAUR ; N° 46.

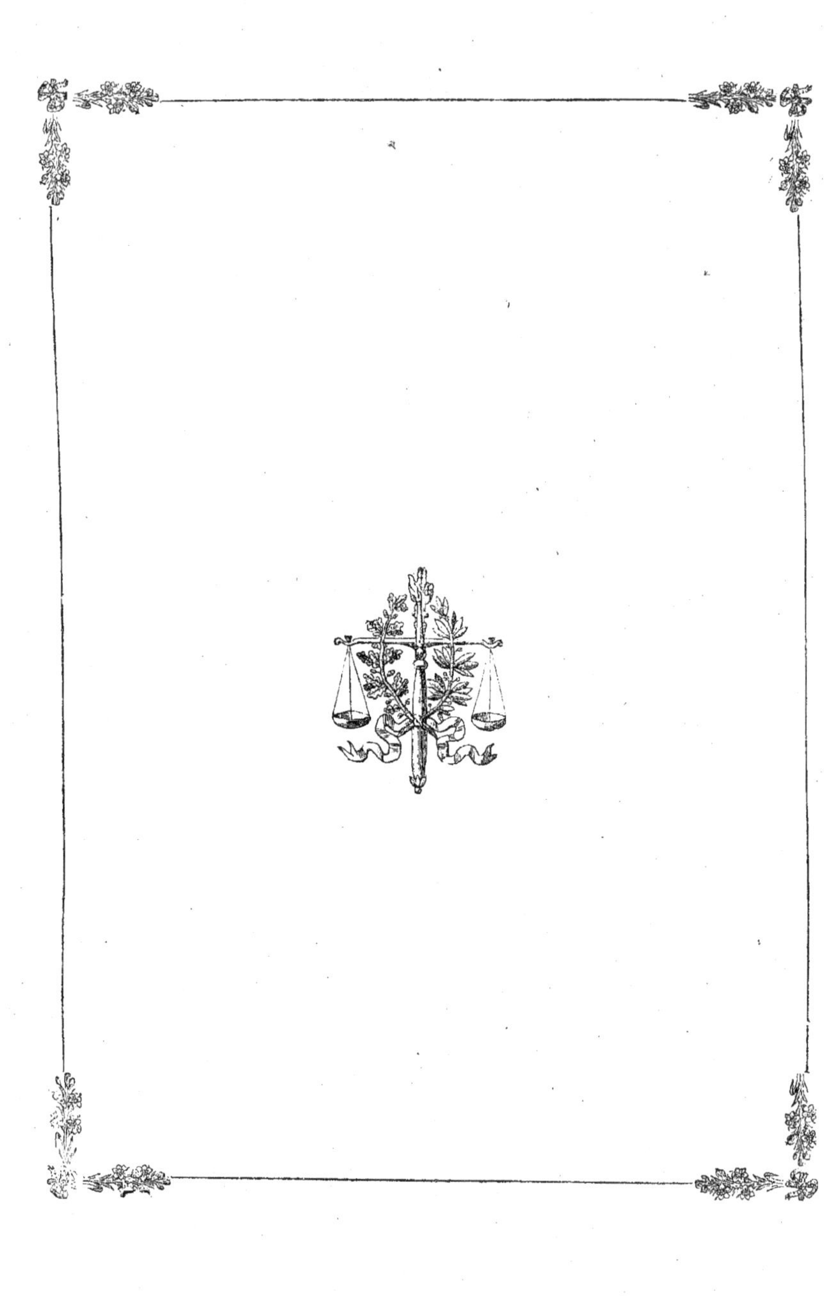